AMANECE

ExLibric

ENRIQUE RUIZ BAUTISTA

AMANECE

EXLIBRIC
ANTEQUERA 2024

AMANECE
© Enrique Ruiz Bautista
Diseño de portada: Dpto. de Diseño Gráfico Exlibric

Iª edición

© ExLibric, 2024.

Editado por: ExLibric
c/ Cueva de Viera, 2, Local 3
Centro Negocios CADI
29200 Antequera (Málaga)
Teléfono: 952 70 60 04
Fax: 952 84 55 03
Correo electrónico: exlibric@exlibric.com
Internet: www.exlibric.com

ISBN: 979-13-87528-14-0
Depósito Legal: MA 2727-2024

Impresión: PODiPrint
Impreso en Andalucía – España

Nota de la editorial: ExLibric pertenece a Innovación y Cualificación S. L.

ENRIQUE RUIZ BAUTISTA

AMANECE

*Este libro lo dedico a mi madre,
Filo, y a mis hermanas, Tere
y Manoli, los tres pilares más
importantes de mi vida.*

Sobre el autor

Enrique Ruiz Bautista nació en El Pardo (Madrid) en 1958. Desde muy joven, su vida ha ido de la mano de la creatividad. Entró en el departamento de publicidad de la Cadena SER, compaginando su labor en esta emisora con trabajos en varios medios escritos y audiovisuales. Montó sus propias empresas de publicidad y organizó campañas importantes, tanto publicitarias como de *marketing* y de organización de eventos. Siempre ha sido una persona inquieta, desarrollando ideas para productos innovadores.

Su afición a la poesía responde a su inquietud por plasmar sus sentimientos y vivencias, lo que le llevó a recopilar sus apuntes en este libro, *Amanece,* con el propósito de agrupar sus emociones.

Amanece

Ilusión que amanece
y veo tu cara por la mañana,
esperar que nuestras miradas se crucen
para adivinar tus pensamientos
y ver si en alguno aparezco,
aunque solo sea de paso,
como el agua y que se refleje
tu cara para beberla,
despacio y me calme de sed
durante el día y me dé fuerzas
y alegría para esperarte mañana.

Cuando se funden dos cuerpos

Nuestras figuras veo dibujadas a lo lejos. Solamente la distancia nos separa, pues con la mano te estoy tocando, lo noto; te recorro todo el cuerpo y, cuando creo tenerte, te esfumas y, con una leve sonrisa dibujada en tu cara, llamas a mi subconsciente para que se salve de las garras del cansancio, del sueño, de ese sopor del que me encuentro preso en la cama.

Me recuerdas que tengo que levantarme para abrir la ventana y ver mi pequeño río y aquellas gaviotas que graznan y, revoloteando unas encima de otras, dan vida y fuego a ese sol que, oculto entre los árboles, quiere vomitar sus rayos solares para que se alumbre el cielo, las calles, mi casa y el campanario de esa iglesia en la plaza, que con su cruz mirando al cielo vela por tantas almas.

Yo, absorto en mis pensamientos, me despejo y de un gran brinco me despojo del pijama. Veo de pronto esos pantalones mal colgados, arrugados y que una pernera apunta al norte. ¡Sí!, por donde el primer rayo ha penetrado y, reflejándose en la lámpara, ha ido a morir en ese cuadro de un barco con el mar en calma.

Y mirándome la cara, me siento extraño, como transportado donde allí perdemos la noción del tiempo, donde, sin saber cómo ni por qué, por nuestra mente aparecen y desaparecen tantas escenas, tantos sueños…

Y si lo que ocurre es que en nosotros existe una superposición corporal, ¿no se explicaría de esta manera el cambio de personalidad, las contradicciones, la inseguridad?

De la misma manera que cuando en esos momentos vividos junto a ti, donde no existían los segundos —poniendo a estos como ejemplo por ser la mínima expresión del tiempo—.

No creo que perteneciéramos a esa dimensión, allí solo existían dos cuerpos. Estos eran la funda de ese interior que encierra sentimiento, pasión, ardor, cariño y un sinfín de emociones y que son ordenados por una nebulosa invisible, que unos llaman inteligencia y otros, alma.

Pensamientos

Yo creo que es lo mismo y, con ello, no rehúyo el principio religioso de la distinción entre lo natural y lo espiritual.

¿La inteligencia no es la que rige la conducta, impulsando a las acciones o coartándolas por medio de la voluntad?

¿El alma no es sino la expresión de la razón por la cual distinguimos el bien o el mal, dejándonos actuar a nuestro libre albedrío?

¿No podemos pensar que cuando me estaba fundiendo no era que me estaba fundiendo y quería llegar a ti, tratando que el calor que de mí emanaba abrasara la atmósfera de tu cuerpo para llegar al fondo de tu alma?

¿Que nos fundiéramos en un abrazo, que no fuéramos dos sino uno solo?

¿Que dentro de ese mundo extraño miráramos al exterior sorprendidos y, a la vez, contentos porque nos habíamos evadido, éramos un cuerpo con dos voluntades equilibradas, donde los criterios e ideas iban pasando rápidamente de uno a otro como cataratas de agua?

Y no poder estar así siempre, tener que esperar a que llegue la noche para que, una vez que el cuerpo lo abandonemos al reposo y este se sumerja en un profundo sueño, mi pensamiento vuele a tu encuentro.

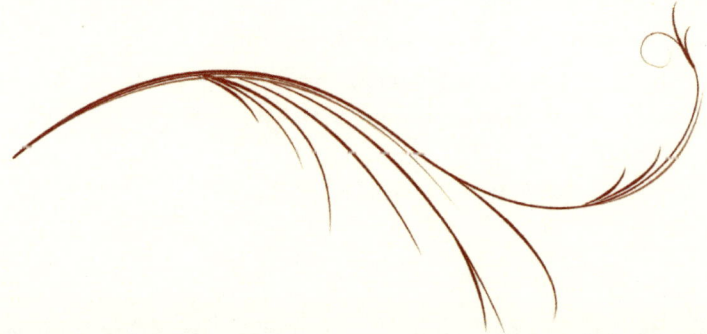

ILUSIÓN DE UN MAÑANA

Pasajeros son los caminos,
pues, de principio a fin,
solo hay distancia.

Pasajera es la vivencia,
pasajera, la felicidad
y, dentro de poco, qué abismo más grande habrá
entre lo vivido y lo real.

Pasajera es la vida,
pues existe un entronque,
¡nacimiento y muerte!
Y, como agonía,
la esperanza.

¿Qué hay entre la sabiduría
y la perfección?
Ente, ser y alma.

Filósofos en el mundo todos somos,
mas miles de preguntas sin contestar
flotando en el aire quedan.

Mas si un rayo de sabiduría
cayera del cielo,
y nuestras mentes adherirse a él
pudieran,
¡Ente y Ser juntados fueran!

QUÉ BONITO SERÍA EL MUNDO

Qué bonito sería el mundo
sin vencidos ni vencedores,
sin problemas,
donde todos a una voluntad
común siguiéramos,
pero no impuesta, sino nacida
de nuestra propia esencia.

Mas callo, no sea que
de loco me tachen,
y si así fuera,
¿qué me importa?
Si mi alma tranquila no queda,
hasta que las miles de preguntas
que a ella acechan,
clamando en el cielo tengan
respuesta.

DE QUÉ SIRVE LA ESPERANZA

De qué sirve la esperanza,
si no hay aliento
para soportarla.

De qué sirve la timidez,
si no hay barrera
para cortarla.

De qué sirve mi pensamiento,
si no hay nadie
para entenderlo.

ALIENTO

¿Por qué me encuentro tan solo
inmerso en mis pensamientos?

Sangre que golpea mi cuerpo
como río desbordado,
destrozando poco a poco
todo lo que encuentra a su paso.

Aliento obstruido, porque esperando
está una palabra
de esta boca que se encuentra
cerrada.

Cuerpo perforado por la apatía
y la desgana.

Quiero trazar tu figura
en el espacio que deja
el aliento en una fría mañana.
Pero luego comprendo
que es una ilusión pasajera.

Por eso, cada vez que te veo
extraer tus sentimientos, quisiera
para que lo que ahora solamente
son ilusiones,
se conviertan en una realidad plena.

CORAZÓN

Corazón de piedra que dos elementos
te componen.

Hormigón por fuera, como signo de consistencia,
para compararlo con un carácter firme,
de orgullo y entereza.

En cambio, por dentro nata fresca,
se pringa uno con las manos,
se deleita en la lengua,
pero si se deja un tiempo,
se agria en la boca.

¡Ay!, Corazón, si fueras humano, de carne,
y que los sentimientos como rayos de luz
penetrasen en tu mismo centro;

que estos dieran rienda suelta a tus deseos
y que se realizaran por medio de esa máquina
que todos llamamos cuerpo.

AL BESO

Boca, que de ella salen
esos besos tormentosos,
y que se van a posar
en mis ardientes labios,
que cuando se estremecen,
ves que siento algo.
¡El beso! Aire que se esfuma
en su propio nacimiento, quedando
el sabor de este por factores fisiológicos:
humedad, aliento, fogosidad,

Yo no soy yo

Yo no soy yo,
es este que va a mi lado,
el que nada en el arroyo
cuando yo estoy cansado.

Yo no soy yo,
es este que no conozco,
el que habla por mí
cuando yo estoy durmiendo;
el que perdona por mí
cuando yo estoy odiando;
el que luchará por mí
cuando yo esté muriendo;
el que vivirá por mí
cuando ya me estén enterrando.

Yo no soy yo,
es este desconocido
el que flotará en el arroyo
cuando yo ya esté perdido.

RESPUESTA A UN SENTIMIENTO

Cuando pienses
qué es la vida
y qué conclusión sacas al respecto,
me dirás
qué es amar
y si el amor es verdad
o es pensamiento.

Cuando sepas que el sentimiento
es inquietud y no agonía,
me dirás si amar es humano,
o tal vez lo hagamos todos hipocresía.

Tú me dices que amar es darlo todo,
que amar es amor y no pensamiento.
Yo te digo, no es más bonito que penetre
en tu Ego y mi Yo, mi realidad;
ya sé que no es lo mismo,
no compartimos el mismo problema,
ya que la muerte está ahí
y no hay quien la mueva.

Triste a veces es la vida.
Triste a veces es caminar.

¿Para qué nacemos?
¿Cómo hemos de vivir?
¿Dónde vamos al morir?
Difíciles preguntas,
¡yo no sé contestar!

Quién de los dos tendrá razón

Qué vida más complicada
si uno se detiene a pensar.
¿Hasta dónde llega el bien
y dónde empieza el mal?

¿Merece la pena sacrificarse en esta vida
esperando una recompensa al final?
Hoy no podría responder;
tal vez cuando muera lo sepa,
pero ya será tarde.

Aconsejarte no puedo,
lo que para mí es bueno
para ti tal vez sea malo.

¿Quién de los dos tendrá razón?
Tal vez ninguno, tal vez los dos.

SOLEDAD

Soledad que cubres todos los rincones
de la estancia.
Entrelazas el tiempo y lo haces
tu aliado.

Portando armas de dos filos te presentas;
la calma, la tranquilidad y el sosiego,
y otras veces, la apatía y la desgana.
¡Cómo enturbias las ideas!

¡Cómo carcomes al hombre, despedazándolo
poco a poco, hasta que se da cuenta
de que estás jugando con él y dice:
«¡Basta!».

IDEAS

Ideas que vagan como polvo en el desierto,
que quieren posarse y formar montículos,
y hacerse grandes construyendo montañas.

Pero a veces no sois fuertes
y un golpe de viento hace que volváis
a ser lo que fuisteis:
¡nada!

MADRE

Madre, que pariste un niño de tus entrañas;
madre, que sufres en silencio y callas,
porque ves que el tiempo no se para.

Madre, que dabas el pecho a tus niños
y ahora observas que trazan sus propios senderos
y vas conociendo nuevas caras.

¡Madre! Es la familia que aumenta
y derramas gotas de alegría,
porque el fruto de tu vientre plantará
la semilla en aquella que, como tú,
se llamará «madre» algún día.

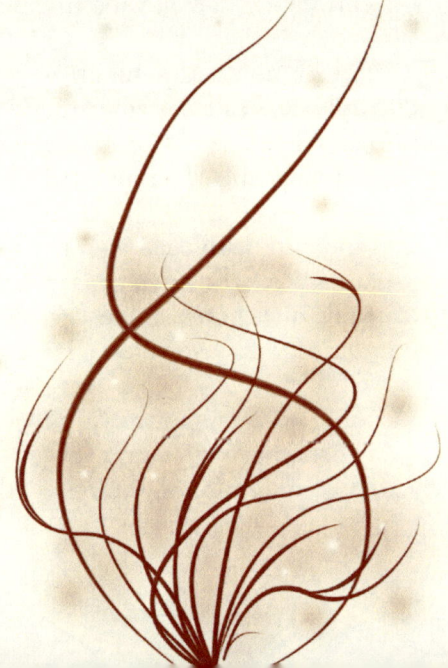

MAUSOLEO DE CEMENTO

Mausoleo de cemento,
mil veces maldecido por todos aquellos
que aquí perdieron horas de sueño,
velándote.

Con el fin de gran nido te construyeron,
albergador de pequeños topos negros,
que, por la noche, fatigados de quemarse en el asfalto,
van a respirar pausados, quietos,
sin dejar que se oiga ruido.

Solo perturba la estancia,
ese hormiguero molesto
procedente de esa luz
que hace permisible el veros
y es el ruido del silencio abominable.

¿Quién no deseara mil gritos
que mil bocas calladas amenazantes,
escudriñadas detrás de esas gargantas negras,
pensando qué hablan, miran y escuchan?

Qué sentimiento de soledad aquí almacenas.
¡Cuántas cosas te vienen a la cabeza!
Y dentro de unas horas, «topos», crujiréis,
expulsareis humo de fuerza y volveréis a las angostas calles.

Y por la noche regresaréis al túnel
para que otros como yo
os cuenten las desilusiones, ilusiones y deseos
día a día.

Pensando

Perdido en la luz,
caminando a ningún lugar,
sentado en el horizonte,
pintando la nada.

Ahogado sin agua,
respirando el vacío,
viendo sin ver,
surgen el sí y el no.

La solución ante la pega… la risa;
ante la tristeza… la alegría;
ante el nunca llegará… el sí,
y por qué no… ¡mil veces sí!
¿Qué se pierde ante todo sí?
¡Se gana todo!

Cógelo, te pertenece…

VIRGINIDAD

Tenaz, seguro y firme
es el guardián de tus entrañas.
Cálida, suave y resplandeciente
es la fachada que lo guarda.

Puerta que se abre con amor, dulzura
y con el calor que despiden nuestros cuerpos,
que van fundiendo poco a poco esa muralla,
dando paso a tantas promesas, a ilusiones, a un «te quiero»
que, como una ola de fuego,
inunda la calma de la estancia.

De felicidad brotan lágrimas de sangre.
Guardarlas conmigo quisiera,
para que día a día me sirvieran de alimento
en ese maravilloso camino de la vida.

TÚ Y YO

Yo, fuego;
tú, nieve;
tú, agua;
me apagas.

Yo, fuego;
tú, agua;
te acercas,
hierves.

Yo, fuego;
tú, fuego;
los dos llama.

Yo, sombra;
tú, luz;
tú, luz en mi sombra.

¡Sombra y luz!

TÚ Y YO (II)

Tú para mí.
Yo para ti.
Tus ojos en los míos.
Mi boca en la tuya.
Mi mano en tu nuca.
Tu sonrisa en mi cara.
Mi abrazo en tu cuerpo.
Tu temblor en mi pecho.
Tu olor me embriaga.
¡Borracha tú de mi cariño!

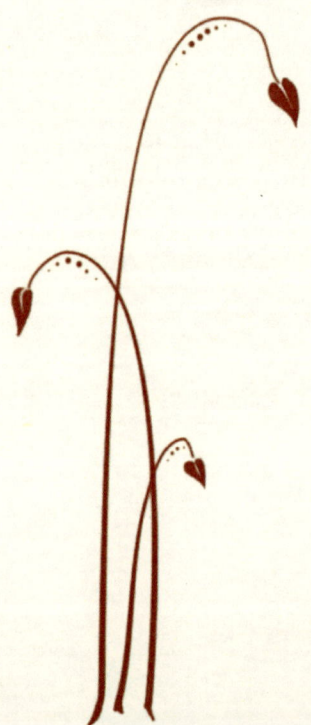

AMÁNDOTE

Amándote me siento libre,
porque en ti he encontrado
campo ancho, horizonte sin
límite, que ni alcanzarlo
la vista puede.

Tranquilidad que se palpa
en el ambiente, como río
que a su paso va dejando
una musiquilla y acompañándose
con el suave canto
de los pajarillos que juegan
revoloteando.

Y al verse reflejados
en el espejo del agua, chapotean,
introducen levemente su piquillo,
volviéndose a perder en ese cuadro
de montañas y nubes
del cual son principal pincelada.

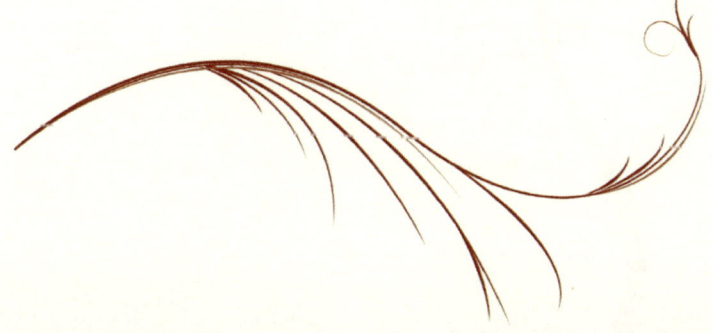

CUERPO TEMBLOROSO

Cuerpo tembloroso,
manos viajeras.

Cataratas de placer,
barca marinera.

Gotas de lluvia,
acequia albergadora.

Campos fructíferos,
abundante cosecha.

GRITAR UN PENSAMIENTO

Quiero que mi pluma
se hunda en el papel,
que de ella corran surcos
de tinta que griten un pensamiento,
que dentro de mi cuerpo vaga,
sin encontrar sitio para ser
expulsado al viento.

Una tormenta asemejan tus ojos,
ese azul que lo envuelve todo,
ese relámpago que del cielo surge,
buscándose paso entre blandas nubes,
para llegar al ocaso de su existencia,
dejando en su paso solo luz y fuego,
y un tronar anunciando que se ha ahogado
en su propia esencia.

Así es tu mirada, corta,
destellante y pausada, reflejo de los sueños
que ilusionada tiene tu alma.

Así, como el rocío, que después de la tormenta,
empaña los campos, y caen gotas
colgando de los pétalos
de la flor más pura. Así son las lágrimas
de tus ojos, pureza en toda su hermosura.

MIRÁNDOME

Me he sentado esta tarde
en el umbral de la desesperación,
y he visto que me falta mucho
para llegar a ser hombre.

¡No un hombre!
Soy un cuerpo ambulante,
entre tinieblas,
que por todos los rincones de la tierra
flota entre nubes,
transportado por el viento
y sin saber nunca
a dónde va a ir a parar.

De repente, me viene
sin querer una pregunta:
¿quizá no estoy mirándome
en el espejo de la humanidad?

Hoy como ayer

Hoy como ayer, mañana como hoy,
¡y siempre igual!
Un cielo gris, un horizonte eterno,
y ¡andar, andar…!

Moviéndose a compás, como una estúpida
máquina, el corazón;
la torpe inteligencia del cerebro
dormida en un rincón.

El alma, que ambiciona un paraíso,
buscándolo sin fe;
fatiga sin objeto, ola que rueda
ignorando por qué.

Voz que, incesante, con el mismo tono
canta el mismo cantar;
gota de agua monótona que cae
y cae sin cesar.

Así van deslizándose los días,
unos de otros en pos;
hoy lo mismo que ayer, probablemente
mañana como hoy.

¡Ay!, a veces me acuerdo suspirando
del antiguo sufrir…
Amargo es el dolor, pero siquiera
¡padecer es vivir!

Tu pelo

Tu pelo, fina seda;
tus ojos, puro nácar;
tu boca, pura fresa;
tu cara, linda manzana;
tu cuerpo es el semblante
de la mañana.

Resplandor entre nubes
y rayos de luz desbordan tu mirada.
Tormenta de fuego, dulzura
como ola que disemina
el viento en la playa.
Así eres tú, mi amada.

OSCURIDAD

Oscuridad en el día.
Tinieblas en la noche.
Preguntas sin respuesta.
Pasiones controladas.
Esperanza en la luna.
Sentimientos en el alma
y frialdad en la cabeza.

Ilusiones en el mañana
e indiferencia en el instante.

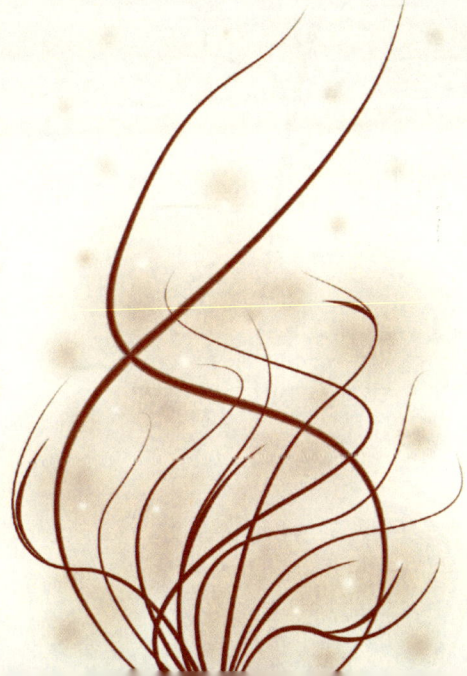

CUANDO TE SIENTO

Cuando te siento, estremezco.
Cuando no te tengo, muero.
Cuando te rozo, te poseo.
Cuando te miro, me fundo.

Sin ti, la cama es fría, grande,
fea, sin sentido, sin sentimientos,
sin espacios.

Quiero mirarte… despertar contigo.

MIRA

¡Mira! Sabe que se va a consumir,
lo sabe;
ya le queda menos,
menos, menos;
aprovecha, aprovecha,
obtén de ella todo lo posible,
ya le falta poco;
corre, deprisa,
que no sabe qué hacer,
no sabes cómo obtener
el mayor bien para ti.
Esa es la pena.
Mientras aprendes,
el tiempo sigue contando;
pasa, corre, nunca se detiene.
¿Que crees que te equivocaste?
Tal vez así es,
no tienes tiempo para nada,
no te preguntes el porqué.
Mientras te lo preguntas,
el tiempo pasa;
ama, come, ríe, llora,
bebe, corre, sube, baja,
haz todo lo que te dé tiempo,
no desperdicies ni un momento.

FORMA PARTE DEL JUEGO

Piensa lo que yo.
Es triste, ¿verdad?
Ahora te arrepientes,
piensa que forma parte del juego,
que no lo encuentras;
sigue buscando, busca,
no decaigas,
ten esperanza,
no la pierdas nunca,
es lo único que tenemos,
esperanza, esperanza;
desde que llegamos hasta que nos vamos
solo esperanza.
Así es,
forma parte del juego.

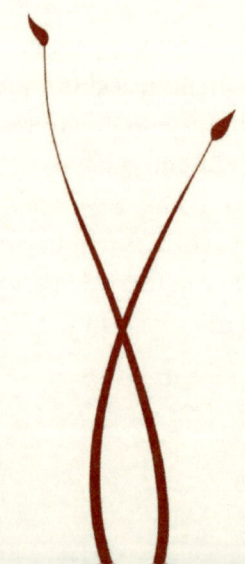

Un mundo extraño

Voy a narrar un mundo extraño,
lleno de sueño e ilusión,
pues aquellos que piensan
que construir es soñar en vano,
que mediten y piensen
si la destrucción es signo de realización.

Sinceridad es nuestra bandera.
Nuestros signos, paz y felicidad.

Como el niño que aprende a caminar,
así la gente, de repente, sin saberlo,
aprende el significado de la palabra «amar».

Todo es bonito, la luna brilla más,
la gente piensa que la cabeza le va a estallar.

Se dice qué mundo más feliz es este mío,
no lo cambiaría por nada,
pues está ya inerte en mi corazón.

Pero de pronto se torna en odio,
y aquellos que pensaban que la sinceridad
era nuestro perdón,
nunca podrán comprender
que los que hoy te dicen amor
por detrás te dicen adiós.

PARA QUÉ DECIRTE NADA

Para qué decirte nada,
si no me escuchas.
No poder hablarte,
porque no me entiendes.
Inertes mis sentimientos,
porque no comprendes.
Verme en el reflejo de tus ojos
y sorprenderme,
porque son nuestras miradas las que hablan.

PREGUNTAS

¡Qué mal se está cuando se está mal!
¿Qué ocurre? ¿Qué pasa?
Tantas preguntas sin respuestas.
¿Quién tiene la culpa? ¿Todos? ¿Yo?
¿Por qué sin respuestas?
Das todo sin preguntar nada,
¿y qué preguntas?
¿Qué te van a responder?
Sí, claro…
¿El qué?
Solo el tiempo te responde.
¿Tanto hay que esperar?
El tiempo es el enemigo de la verdad.

SIN SENTIDO

Te conocí sin querer.
Me engañé solo…
por la soledad.
Tú no perdías nada.
Lo di todo a cambio de nada.
Un tiempo perdido,
minutos, horas, días,
meses, años… sin sentido,
para acabar con frases:
«De todo se aprende»,
«tienes toda una vida por delante»,
«la otra persona se lo pierde»,
«recupera tu vida».
¿Quién me devuelve la confianza, la ilusión?

¡Tú, desde luego, no!

Se acabó

Tanto dolor no se puede soportar.
Tanto desprecio, tanta ingratitud,
tanta deslealtad, tanto engaño,
tanto desamor, tanto odio,
tanta falta de respeto, tanta miseria,
tantas mentiras…

¿Mereció la pena?

¡¡¡No!!!